AF402654

J EAN-E RNEST KRIEG,
Général Commandant à Metz les troisième et quatrième divisions de l'armée de la Mozelle, suspendu de ses services le 6 Vendemiaire présente année, & incarcéré le 15 du même mois dans la prison dite l'Abbaye, à Paris;

Aux véritables Républicains, seuls faits pour apprécier la vertu, le courage & le mérite d'un vieux Soldat Français.

La vérité, rien que la vérité!

FRÈRES, j'ai l'honneur de ne pas être gentilhomme, donc j'ai quelques droits à votre confiance. Je suis incarcéré depuis cinq mois; je ferois fort embarrassé de vous en dire la caufe. L'article XXXIV des droits de l'homme déclare qu'il y a oppreffion contre le corps focial, lorfqu'un feul de fes membres eft opprimé. Je le fuis, moi, et contre tous les droits de la fociété; cependant je ne vous fommerai point de vous lever jufqu'à ce que juftice me foit rendue; au contraire, je vous

A

prie, au nom de toutes les loix de notre république & de la nature, de vous tenir affis
pour m'entendre, afin de prononcer fur moi.
Je vais vous tracer le tableau de ma vie. Il
eft malheureux pour moi d'avoir combattu
pendant tant d'années pour la France efclave;
que n'ai-je verfé tout mon fang pour elle,
depuis qu'elle s'eft rendue libre !

Né fans bien & l'aîné d'une famille nom-
breufe, j'entrai en 1756 volontaire au régiment dit Naffau infanterie, en garnifon à
Strasbourg. L'année fuivante, notre régiment
paffa le Rhin avec l'armée Françaife, pour
ouvrir la première des fix campagnes de
Hanovre. Je fis les deux campagnes de 1757
& 1758.

Au mois de décembre 1758 je fus nommé
fous-lieutenant dans mon régiment, alors en
garnifon à Francfort; déjà meffieurs les officiers m'honoroient du titre de *culotte de peau*,
terme, felon eux, très-propre à un foldat de
fortune, qui n'avoit pas comme eux la gloire
d'être né noble du plus au moins ! Me voilà
donc *culotte de peau !* c'étoit une difpofition
prochaine à devenir fans-culotte.

Immédiatement après la bataille de Bergh-
hem, en 1759, je demandai à marcher avec
les volontaires de l'armée, commandés par

Lanoue-de-Vair ; je fis avec lui les campagnes de 1759 & 1760.

Lanoue reconnut en moi de l'activité ; il crut y trouver encore quelques connoiſſances, des lueurs de telens ; en outre je parlois allemand ; il penſa que je lui ferois utile ; il me donna ſa confiance. Je combattis à ſes côtés en cent affaires. A la bataille de Corback, en 1760, le 10 juin, je reçus un coup de fabre à la main droite. Le 25 juillet même année, à l'affaire de Limbach, je reçus cinq coups de feu, dont le quatrième m'emporta la racine du doigt index de la main droite, & le cinquième me renverſa. Mes frères d'armes m'enlevèrent pour mort du champ de bataille ; un boulet de canon avoit tué, dans la même affaire, le brave Lanoue ; cette perte irréparable aggrava mes bleſſures ; je fus dix-huit mois à en guérir.

A l'entrée de la campagne de 1761, le maréchal Broglie me voyant hors d'état de marcher avec lui, me plaça aide-major à Gieſen ; & inſtruit des ſervices que j'avois déjà rendus, il me promit de me faire entrer dans l'état-major de ſon armée, à la campagne ſuivante.

Juſques alors j'avois rempli au corps des volontaires de Vair les fonctions d'aide-major ;

en cette qualité, j'avois conduit deux ou trois cents hommes de cavalerie ou infanterie à différens combats & autres expéditions.

Broglie fut disgracié; Soubise, ci-devant prince, protesta de ses *lettres de change* : je fus remplacé à Giesen , & je repris dans mon régiment les fonctions de sous-lieutenant pendant la campagne de 1762.

Après la bataille de Graëventlein, mon régiment fut enfermé dans Cassel, où il soutint le siége par lequel furent terminés & la campagne & la guerre de Hanovre. Au commencement de ce siége, le général Diesback, connoissant les services que j'avois rendus, me donna le commandement d'une compagnie de volontaires de siége. A la tête de ces guerriers intrépides, j'emportai deux batteries aux ennemis, le jour de la grande sortie commandée par le colonel Zouckmantel : j'y fus blessé d'un coup de bayonette à la cuisse gauche. A mon retour de cette sortie, le général Diesback me fit présent de ses pistolets, pour remplacer celui des miens que j'avois perdu en tuant le soldat qui m'avoit blessé.

La nuit, les ennemis donnèrent l'assaut à la redoute 69, de la conservation de laquelle dépendoit le falut de la place. Avec ma même compagnie, je fus affez heureux pour y porter le premier fecours, j'y foutins une triple attaque, & je fauvai, avec la redoute, la vie au refte des fept cents braves Français qui y avoient été de garde, commandés par le capitaine Montlibert, du régiment dit Turenne; j'y reçus un coup de bayonette au bras gauche.

Le général Diesback, en me chargeant de porter les premiers fecours à la redoute dont je viens de parler, me promit, (fans doute pour m'encourager) que fi je revenois heureufement, auffi-tôt après le fiége, il me feroit donner une commiffion de capitaine, & une décoration militaire. Je lui répondis que je ne favois point me battre pour un hochet, mais que mon fang ne m'appartenoit plus, quand il étoit payé par l'eftime & la confiance du foldat & des braves gens.

Je marchai donc, & je ne fongeai plus qu'à foutenir la gloire du Français... Sa gloire! ah! que nous étions fous alors! Révolution fortunée! qu'as-tu fait de tant de braves militaires? qu'as-tu fait de la France entière qui jufqu'à ton époque n'avoit porté les armes que pour fes tyrans?... Ces foldats, tu les as fanctifiés, tu les as rendus dignes d'eux-

mêmes , en les élevant sur les ailes de la vic-
toire , dans le sein de la liberté !

Au sortir de Caffel et de l'Allemagne ,
notre régiment arriva à Metz. Dans cette ville,
après six campagnes de guetre , je revins toujours sous - lieutenant : j'étois vexé par des
chefs despotes , envié par tous ceux qui n'a-
voient combattu que lâchement . . . . estimé
pourtant par les vrais braves. . . . Cette estime
me faisoit oublier mes désagrémens , & me
soutenoit. Une voix me crioit dans mon
cœur. . . « Patience ! . . un jour tu répandras
ton sang pour tes égaux . . . pour toi . . . pour
la liberté de la France . . . . tu feras encore
jalousé, dénigré par des scélérats . . . tu feras
jeté dans des cachotr . . . . tes ennemis vou-
dront te traîner au supplice destiné aux traîtres,
& qu'eux mêmes ils n'éviteront pas . . . ces
monstres auront soif et faim de ta vie , mais
ton cœur leur échappera . . . Après mille per-
sécutions, après mille maux , des hommes
libres te rendront justice, ils te feront triom-
pher des détracteurs des loix de la liberté , de
la nature, de l'honneur . . . . des droits de
l'homme, du courage, de la vertu . . . . . des
droits de l'innocence & de la respectable vieil-
lesse ! mais attends encore quelques années. »

En 1773 , notre régiment débarqua dans

l'isle de Corse. Le général Falkeinhayn, notre ancien colonel, me confia le commandement de la *piéve du Venaco*, & du pays sur le *Tavignano*.

J'avois affaire à des peuples à moitié sauvages ; je me prescrivis un plan de conduite qui fixa en moi leur confiance, leur estime. Onze brigands se rendirent à moi. Je découvris une grande quantité d'armes cachées, que je livrai à l'arsenal de Corté. J'étois tellement bien vu des Corses, que je renvoyai cinquante hommes de garde que le général Marbœuf m'avoit donnés. Seul parmi ces Corses, je parvins à les tranquillifer ; le dirai-je ! lorsque notre régiment reçut ordre de repasser en France, les Corses envoyèrent au général Marbœuf une deputation pour lui demander que je restasse avec eux. Ils furent refusés.

En 1782 nous reçûmes ordre de marcher à la fameuse expédition contre les représentans à Genève ; j'y restai deux ans avec le régiment. Mais à quoi bon m'étendre sur les services que j'ai rendus à la France opprimée par un roi ! . . . Je passerai donc sous silence ce que je fis ; je ne veux plus entretenir des républicains que de ma conduite aux premières époques de la révolution.

(8)

En 1789 notre régiment fe trouva à Saar-libre & à Metz, où l'infâme Bouillé commandoit alors, & où fe combinoient le maffacre de Nancy, & la fuite du dernier de nos tyrans. Pendant que ces trames horribles s'ourdiffoient à Metz, le regiment fut envoyé à Thionville.

Metz, Thionville, vous m'avez rendu juftice. . . . Du fond de mon cachot entendez les cris de reconnoiffance d'un républicain irréprochable. . . le cachot!. . . eh bien je l'appelle en témoignage de ma fermeté, de ma conftance. . . . Parlez, murs fi fouvent arrofés des pleurs des victimes du defpotifme; le bruit des verroux, des chaînes, m'a-t-il fait fourciller! répondez! m'avez-vous vu pâlir dans mon défaftre? Les cachots! que m'importe? un jour luira mon innocence. . . l'intrigue a trompé le patriotfme, la liberté m'appellera de ces cachots!

Lorfque le traître Bouillé fit marcher le régiment, de Thionville à Montmédy, pour y favorifer la fuite du perfide Louis, j'avois été envoyé en avant à Sedan, où le régiment devoit arriver en garnifon, afin d'y préparer l'établiffement de l'hôpital régimentaire, de l'adminiftration duquel j'étois chargé depuis un an & plus. Nous apprîmes dans cette ville la fuite & l'arreſtation du tyran ; les autorités conſtituées voulurent bien me conſulter ſur la deſtination des troupes arrivées dans les environs par ordre de Bouillé. Je dénonçai à ces mêmes adminiſtrations, & l'eſprit du régiment, & les quatre-vingt-un mille livres en numéraire, que le haſard me fit découvrir dans deux petits tonnelets, ſur les équipages du régiment, où le colonel Hamilton, & les initiés dans le ſecret, les avoient fait paſſer pour des munitions de guerre. Je les dénonçai également, à Montmédy, au conſtituant Monteſquiou ; ce monſieur m'accueillit un peu plus mal qu'il n'auroit reçu un chien.

Je fus chargé à Sedan, par les mêmes adminiſtrateurs, de l'ordre pour la nouvelle deſtination du régiment. Je revins le porter à Montmédy. Le régiment fut delà en garniſon à Toul ; c'eſt de cette ville qu'eſt daté ma première patente comme membre de la ſociété populaire.

De Toul, le régiment fut envoyé à Beſançon, où le ſcélérat Toulongeon travailloit, avec ſes complices, les différens régimens de cavalerie cantonnés à Graye. A Beſançon je découvris le complot ourdi contre la liberté ; je le dénonçai à un député à l'aſſemblée légiſlative ; je lui dévoilai les dangers de la patrie ;

Les brouillons de mes lettres de cette corres-
pondance en font encore foi.

De Besançon, le régiment vint à Hunin-
gue ; de-là dans les cantonnemens sur les fron-
tières du Porentrui, & au camp de Heffingen,
commandé par les traîtres Custines & d'Ai-
guillon. Ce dernier qui avoit tant marqué
de patriotisme dans l'assemblée constituante,
me témoigna, pendant le cantonnement & au
camp, beaucoup de confiance. Il venoit même
me visiter dans mon village. Je lui découvris
toutes les menées qui existoient au régiment,
je lui en nommai les auteurs .... le scélérat !
il me trompoit ! Je fus exposé à un redouble-
ment de vexations de la part de tous ceux qui,
comme lui, étoient traîtres à la patrie. Heu-
reusement je possédois l'estime & la confiance
des Soldats & des sous-officiers..... on n'osa
point agir ouvertement contre moi.

Un Corps de troupes, dont étoit le régiment, descendit le long du Rhin jusqu'au
camp de Weiffenbourg. Le général Biron m'y
confia le commandement d'un détachement,
sous le titre de *chef de parti*. Ma correspon-
dance avec ce général & Kellermann, qui
commandoit alors l'armée du centre, prouve
l'espèce de service que j'ai rendu à la patrie
pendant la campagne de 1792. A l'approche

de l'ennemi entre Saar & Mozelle & Thionville, Kellermann m'ordonna de me jetter
avec le plus de force poffible dans cette der-
nière place. J'y entrai avec 500 hommes.

Peu de jours après, j'enlevai aux enne-
nemis, à la tête de mes braves frères d'armes,
quarante-cinq voitures de fourrages : nous
détruisîmes enfuite près de Catenom, leurs
barques fur la Mozelle. Peu après je furpris
un pofte qui gardoit un magafin de vivres ef-
timé au moins deux millions. Il fut détruit
dans une même nuit & jeté dans la Mozelle.
On en amena à Thionville ce que le temps
& le peu de voitures nous permis d'emporter.

Je fis ce coup avec dix-huit dragons du
douzième régiment, auxquels je fis mettre
pied à terre & que je fis paffer la Mozelle
avec moi dans une nacelle. Je furpris & pris
moi-même la fentinelle ennemie, en lui
parlant allemand ; nous furprîmes également
le refte de la garde. Quatre cents hommes
d'infanterie qui me fuivoient, & que je fis
paffer la Mozelle, fe mirent à travailler, d'une
manière étonnante à la deftruction d'un nombre immenfe de tonneaux remplis de farines,
rangés fur la rive de la Mozelle ; & de fuite,
à décharger trois gros bateaux d'eau-de-vie,
d'huiles, de vins, &c. &c. que je fis con-

duire, de la rive gauche à la rive droite de la Mozelle, pour les mettre à l'abri, dans le cas où l'ennemi viendroit m'attaquer dans mes opérations.

Quelque temps après, un de mes espions m'avertit que deux gros bateaux chargés de grains devoient descendre la Mozelle pour Trèves ; c'étoit au moment que les ennemis se préparoient à leur retraite de Thionville. Je sortis la nuit avec quatre cents hommes & deux pièces canon pour aller à Sierck, les attendre au passage. Je tenois la troupe cachée dans la ville. L'indiscrétion faillit faire manquer le coup ; mais lorsque je vis les ennemis prendre terre à l'autre rive de la Mozelle, & encore éloignés de la ville, je courrus sur eux avec les deux pièces de canon, n'ayant avec moi que les seize braves canonniers ; la troupe n'avoit pu se rassembler assez vîte. Nous essuyâmes une grêle de coups de fusils d'un poste de cinquante hommes placés sur la rive opposée. Quelques ripostes de notre mitraille les firent taire, & quelques autres coups chassèrent également cinquante autres hommes qui gardoient les bateaux. Sur ces entrefaites arriva la troupe, je fis passer dans une nacelle, amenée exprès pour cela sur une voiture de Thionville , un petit détachement pour s'emparer des bateaux & les conduire à Sierck , d'où je fis emmener fur cent voitures deux mille facs de grains à Thionville , où ils furent vendus au profit de la troupe.

Ce fut pendant le fiége que je découvris les indices de la perfidie du général Félix Wimpffen. Je les dénonçai au général Keller-mann ; mais en ce temps l'aftucieux Wimpffen & fes complices avoient encore trop captivé l'efprit public par leur charlatanifme ; alors il fembloit dangereux de les heurter de front. Quelques mois après mes foupçons ne pa-rurent malheureufement que trop fondés ; Sans lui j'aurois fait encore plufieurs captures, fans lui j'aurois été à Trèves , immédiatement après le fiége , y préparer le quartier d'hiver à l'armée du centre, que Kellermann com-mandoit. Félix Wimpffen eft caufe de la malheureufe campagne de Trèves. Je ne de-mandai que douze cents hommes pour aller folliciter pieufement les riches abbayes de ce pays-là ; nous aurions vécu à leurs dépens, ce qui auroit épargné l'argent de la républi-que. J'avois promis deux millions pour le tréfor national ; mais Wimpffen & fes com-plices me dirent que tout cela étoit impoffible. Ils ne le vouloient pas, les perfides ! & voilà toute l'impoffibilité qui exiftoit !

Ma conduite m'a donc mérité l'eftime &
la confiance des communes de Thionville &
de Metz. D'après leurs témoignages, que je
ne mandiai point, le confeil exécutif m'a
fait paffer, comme l'éclair, du grade de capitaine à celui de général de divifion. Ces témoignages ont été renouvelés depuis ma détention.

A chaque grade qui me fut conféré, je
promis au miniftre de la guerre de m'en ren-
dre digne par mon zèle & ma fidélité......
Jamais je ne fus trahir mes fermens, j'en jure
par la république, ... c'eft le dernier que le
veux faire.

Quels font donc mes crimes ? Ah ! les
voici !

J'ai dit trop franchement la vérité dans
les circonftances ; j'ai, dans la marche de mes
fonctions, heurté la vanité, l'ignorance,
l'amour-propre, & fur-tout l'intérêt de quelques individus plus forts que moi (1). J'ai
ofé être républicain ; j'ai ofé verfer mon fang,
expofer ma vie pour des hommes libres &
dignes de l'être. J'ai ofé, ... ma foi, j'ai

____

(1) Un de ces meffieurs me dit un jour : *Infenfé que
tu es ! quoi ! un frêle pot de terre comme toi, tu as
ofé heurter contre le pot de fer ? Eh bien, je t'écraferai !*

ofé tout ce qu'un bon français, ennemi de toute tyrannie & fier de fa liberté devoit ofer.

Un mois après, la menace d'un de ces meffieurs (dont je cite le propos dans la note qu'on vient de lire), s'eft effectuée. Je fus fufpendu de mes fonctions, arrêté ; & je fuis incarcéré depuis cinq mois. . . . Mais dites-moi donc enfin la caufe de ma détention ! dites-moi, pourquoi fuis-je coupable..., Finiffons donc ! Meffieurs les intrigans, qui ofez furprendre la bonne foi des républicains, parlez-donc en face ! J'ai le droit, me femble, de demander la mort, fi je fuis coupable ; ma liberté, fi je fuis innocent ! Depuis cinq mois, certes, on a pu prendre fur ma conduite les informations ! Républicains ! jugez-moi, . . . fignalez votre équité... Les monftres ! ils vous jouent ! ils badinent avec la vie des fans-culottes comme le chat avec fa proie ! Républicains, je crois, fans erreur, que vous avez doué de toutes vos vertus notre Convention nationale. . . . En m'adreffant à elle, c'eft vous tous que j'invoque. Je fuis malade dans ma prifon. J'y fuis . . . . dans quel état ? . . . O Liberté. . . . La plume me tombe des mains , . . . j'embraffe tes facrés genoux. . . . tu me repoufferois fi j'étois impofteur ! Vois ces cheveux blanchis par cinquante-deux ans de fervice ; compte mes huit bleffures honorables. . . . Rappelle-toi mes treize campagnes ; fouviens-toi de l'ingratitude dont m'accabla le defpotifme. . . . Dis à tes français : Voici les richeffes de Krieg, fon épée, fa cappe, une vertueufe époufe, une mère octogénaire, infirme, une fœur qui la garde, un frère (1) qui fe bat pour la patrie. Voulez-vous connoître fes domiciles depuis cinquante-deux années de fervice en France : les voici. Ce font les camps & les cafernes ! . . . Ses ennemis difent qu'il eft *étranger !* qu'ils apprennent à lire dans la conftitution. . . Krieg eft né *germain*, Krieg eft français depuis près de cinq ans qu'il fe bat pour la république & qu'il lui a été utile felon qu'il le devoit, & felon la droiture de fon cœur !

Signé J.-E. KRIEG.

---

(1) Capitaine au 44e régiment d'infanterie à l'armée de la Mozelle.

PIÈCES JUSTIFICATIVES.

EXTRAIT des regiſtres des délibérations du conſeil général de la commune de Thionville.

CEJOURD'HUI 12 avril 1793 , l'an second de la république françaiſe, le conſeil général de la commune duement convoqué , il a été dit que le citoyen Krieg , commandant temporaire en cette place, a reçu , par le courier d'hier , une lettre du miniſtre de la guerre , annonciative qu'il a été nommé colonel au 91ᶜ régiment, avec ordre de rejoindre ce corps.

Le conſeil général, oui le procureur de la commune , conſidérant que le citoyen Krieg, depuis long-temps connu en cette ville par ſon activité, ſes talens & ſon patriotiſme , en a donné de nouvelles preuves pendant le ſiège , en faiſant pluſieurs ſorties heureuſes à la tête des compagnies franches miſes ſous ſon commandement; que ces motifs

B

ont déterminés la commune à demander que ce citoyen foit chargé des fonctions temporaires; que depuis qu'il y eſt établi en cette qualité, il a acquis de nouveaux titres à la confiance générale, & que fon départ allarmeroit tant les citoyens, que la garnifon; arrête qu'il fera écrit au citoyen miniſtre de la guerre, pour le prier de conſerver le citoyen Krieg, comme commandant temporaire en cette place, de manière cependant que fon avancement n'en souffre aucun retard. Ainſi fait l'arrêté à Thionville, en ſéance, leſdits jours & an, ont les citoyens membres figné ſans déſemparer. Collationné.

P O S S E L L I U S, *ſecrétaire.*

C o p i e de la lettre écrite au citoyen miniſtre de la guerre.

En nommant le citoyen Krieg à la place de colonel au 91e régiment, le conſeil exécutif a fait un acte de juſtice d'autant plus mérité, que ce militaire s'eſt, depuis trentehuit ans, montré avec diſtinction; qu'il a

fait huit campagnes ; reçu huit bleſſures ;
qu'il a toujours montré de l'activité & des
talens , & que ces titres de conſidérations
qui doivent lui procurer de l'avancement ,
ont fait naître l'intrigue & l'ont éloigné des
places. Le citoyen Krieg mérite d'autant plus ,
que depuis la révolution il n'a point varié
dans les principes du plus pur patriotiſme ,
& qu'il a rendu des ſervices ſignalés pendant le ſiège de cette place ; auſſi a-t-il ob-
tenu la confiance générale : c'eſt nous qui
l'avons demandé pour commandant temporaire , & le ſuccès de notre demande a été
conſidéré comme un événement heureux.
Permettez-nous , citoyen miniſtre, de ſolli-
citer la conſervation de cet homme d'autant
plus précieux dans les circonſtances actuelles ,
qu'il connoît parfaitement le local ; mais ſon
mérite , qui nous attache à lui , ne doit
point lui nuire ; ſon avancement & les autres
avantages auxquels il a droit, ne doivent en
ſouffrir aucun retard ; nous vous prions inſ-
tamment , citoyen miniſtre , de vouloir bien
concilier en ce moment ce qu'exige , d'un
côté, le ſalut d'une place qui a déjà une
fois ſauvé la patrie , & à qui il importe de
conſerver le citoyen Krieg , & de l'autre ;

les récompenfes dues au civifme non équi-
voque, & au fervice de ce militaire ref-
pectable.

Le confeil général de la commune de
Tionville, 12 avril 1793, l'an fecond de
la république.

Signé Probet, *maire;* Coriot, Boniolli,
Taguardio, Mathurra, Muller, Grofdidier,
Gerout, Laidtcker, Keiffeffer & Poffellius,
fecrétaire.

LIBERTÉ.   ÉGALITÉ.

NOUS, maire, officiers municipaux, &
membres du confeil général de la commune
de Thionville, certifions à tous qu'il appar-
tiendra, que le citoyen Jean-Erneft Krieg,
général de brigade, commandant en chef en
cette place, a, dans tous les temps, montré
le civifme & le patriotifme le plus pur, qu'il
a affifté, pendant le blocus de cette ville, à
différentes forties qui ont eu lieu contre l'ennemi, notamment à *Malling & Rethel, où il
a fait des prifes confidérables*, & s'eft montré
avec un courage vraiment républicain, que

fes vertus, fes talens, & fon entier dévoue-
ment à fervir la chofe publique, lui ont mérité à jufte titre le grade de général dans lequel il s'eft conftamment conduit en vrai
ami de la liberté, & défenfeur de la patrie;
qu'il emporte avec lui les regrets de toute
la cité; en témoignage de quoi lui avons dé-
livré le préfent, auquel nous avons fait ap-
pofer le fceau de la commune.

A Thionville, en féance du fixième août
mil fept cent quatre-vingt-treize, l'an fecond
de la république françaife, une & indivifible.

Signé Kleffert, Juewleer, Cheroux, Ka-
faneufve, Gay, Probet, *maire;* Choffe, Grofdidier, Blonet, *procureur de la commune;*
Arnoult, Haquardio, Harion, Rolly, Bot-
dron, fils; Meuller, Tailleur, Marchand,
Schuweizer, Quarante; Peffellius.

Cejourd'hui, fix août 1793, l'an fecond
de la république, eft comparu pardevant le
confeil du diftrict de Thionville, au lieu
ordinaire de fes féances, le citoyen Jean-
Erneft Krieg, général de brigade, commandant en chef en cette place, lequel a
produit un certificat de civifme, à lui ac-
cordé par le confeil général de la commune

de Thionville, le 6 du courant, & en a demandé l'approbation & la légalifation des
fignatures y appofées. Le procureur-fyndic
oui, le confeil a donné acte au comparant de
fa comparution, en approuvant le certificat
dont il s'agit, & attefte la fincérité des fignatures appofées au bas d'icelui.

Signé Lafontaine, *procureur - fyndic ;* Du-
cloux, *fecrétaire ;* Harion, Merlin, *préfident ;* Fink.

*Département de la Meurthe, diftrict de Toul,
fociété des amis de la conftitution.*

Nous fouffignés, préfident & fecrétaires
de la fociété des amis de la conftitution,
établie à Toul, affiliée à celle des Jacobins de
Paris & autres de la république, certifions que
Krieg, officier au 96ᵉ régiment d'infanterie,
ci-devant Naffau, a été admis au nombre des
membres de notre fociété, & qu'il a conftamment fait preuve de patriotifme & de dévoue-
ment à la caufe de la liberté ; nous prions
fociétés patriotiques affiliées, de lui accorder
toutes les féance & de lui faire l'accueil frater-

nel que nous ferions nous-mêmes à tous citoyens français, munis de semblables certificats.

A Toul, ce 14 août 1791, la troisième année de la liberté française. *Signé* Girart, *préfident ;* Poinclou, *fecrétaire.*

Vu en la fociété des amis de la liberté & de l'égalité, féante à Thionville, & admis le membre dans fon fein, & a prouvé le patriotifme d'un vrai républicain ; en foi de quoi avons appofé notre préfent vifa féance tenante. Thionville, le 28 mars 1793, l'an fecond de la république française.

Signé Vigneron, *fecretaire ;* Tont, *préfident ;* la Goutte, *fecrétaire.*

<hr>

La fociété des Amis de la Conflitution établie à Thionville, à toutes les fociétés affiliées aux Jacobins, falut. Nous préfident & fecrétaires de la fociété, certifions que le citoyen Kreig, général, eft membre de ladite fociété, depuis l'époque de quatre mois, & qu'il a montré conflamment le caractère & les fentimens d'un bon citoyen ; en foi de quoi nous

avons figné avec lui le préfent certificat. A
Thionville, le 20 Juin 1793, l'an fecond
de la république françaife.

Signé, Delapierre, *préfident* ; Pernot,
fecrétaire ; Dinot, *fecrétaire* ; Bonioly, *tre-*
forier ; Krieg.

Vu à la fociété Républicaine de Metz,
le 22 Juin 1793, l'an fecond de la république françaife.

Privat, *fecrétaire* ; L. Braux, *fecrétaire*.

Extrait du regiftre des délibérations du
Confeil général de la Commune de Metz,
du 27 Septembre 1793, l'an fecond de la
république françaife.

Le Confeil de la Commune inftruit que
le général Krieg vient d'être fufpendu par
le confeil exécutif, de fes fonctions de général de divifion près de l'armée de la
Mozelle ;

Profondément affligé d'un événement qui
tend à priver, dans un inftant de crife fur-
tout, la république, les citoyens de ce département, & ceux de cette ville en parti-

culier, des lumières, des talens, de l'expérience, du zèle & du patriotifme ardent &
pur d'un militaire, auquel on ne peut même
pas faire le reproche d'être né dans une cafte
privilégiée ; qui a fait un long apprentiffage
de la profeffion des armes, en parcourant les
différens grades de la milice, & qui s'eft
toujours fait honneur de la pauvreté dans
laquelle il a vécu jufqu'à préfent ; confidé-
rant que le fuffrage unanime des autorités
conftituées, & de tous les citoyens de cette
ville, en faveur du général Krieg, tranfmis,
tant au repréfentant du peuple, qu'au confeil
exécutif, diffipera facilement les impreffions
fâcheufes que la méchanceté feule a pu ré-
pandre fur fa conduite, dans l'efprit des
membres du confeil exécutif, & que per-
fonne n'a été plus à portée de le bien juger
que ceux fous les yeux defquels il exerce
depuis long-temps fes fonctions ; arrête, le
procureur de la commune entendu, que le
rapport de l'arrêté de fufpenfion fera inftamment demandé au confeil exécutif :

Que les repréfentans du peuple près l'armée de la Mozelle font priés d'ordonner eux-
mêmes ce rapport, ou au moins d'en furfeoir
l'exécution de l'arrêté, jufqu'à ce qu'il ait

été flatué fur les réclamations du confeil de la commune :

Que les adminiftrations de département & de diftrict, les comités de furveillance des fections, & la fociété populaire, font invités de joindre leurs inftances à celles du confeil de la commune :

Qu'expéditions du préfent arrêté feront adreffées dans le jour au confeil exécutif, au comité de furveillance des fections & à la fociété populaire : que pareilles expéditions feront remifes à l'inftant, aux repréfentans du peuple, par les citoyens Rouffelot, officier municipal, & Nicolas Barth, notable; & au département & diftricts, par les citoyens Choueze le jeune, officier municipal, & Henry, notable. Délibéré en féance, ledit jour.

Collationné, **Adam**, *fecrétaire*.

Séance publique du confeil du diftrict de Metz, du vendredi 27 feptembre 1793, l'an fecond de la république, une & indivifible.

Ce jour, vu la délibération du confeil général de la commune, par laquelle il témoigne son affliction de la suspension du général Krieg, & demande que les autorités constituées, les comités de sections & sociétés populaires se joignent à lui pour solliciter le conseil exécutif à rapporter l'arrêté de suspension des fonctions du général, & les représentans du peuple près l'armée de la Mozelle, d'en suspendre provisoirement l'exécution.

Le conseil, après en avoir délibéré, & le procureur-syndic oui, déclare partager l'opinion du conseil de la commune, relativement au général Krieg, & réunir son vœu au sien, pour le rapport de l'arrêté qui le suspend de ses fonctions, & que son exécution soit provisoirement suspendue par les représentans du peuple.

Pour extrait des regiftres,

Signé , Gubert, *fecrétaire.*

Du 27 *feptembre* 1793 , *l'an fecond de la republique françaife.*

Vu la délibération du confeil général de la commune de Metz, des autres parts, enfemble celle ci-deffus, du confeil du diftrict de la même ville ; le directoire du département, le procureur général fyndic oui, rendant au général Krieg la même juſtice que le conſeil de la commune & celui du diſtrict, & convaincus comme eux de la néceſſité de conſerver dans une place auſſi importante que celle de Metz, ce général, dont le patriotiſme ne s'eſt jamais démenti; qui, par ſes talens militaires, fruit d'une expérience de quarante années, dans tous les grades, a concouru à la levée du ſiége de Thionville; qui a préſervé, par ſa vigilance infatigable, cette frontière des incurſions de l'ennemi; qui a été appellé au commandement de Metz par le vœu unanime; qui, depuis qu'il en remplit les fonctions, a conſtamment mérité l'eſtime & la confiance des citoyens & de la garniſon; conſidérant que le conſeil exécutif auroit pu conſulter les autorités conſtituées & la ſociété populaire de Metz, ou au moins leur faire part du genre de ſa dénonciation, avant de prendre une meſure auſſi rigoureuſe, & qui peut n'être pas méritée;

A arrêté, conformément au vœu de la commune & du diſtrict, & en ſe réuniſſant à eux, que le conſeil exécutif ſera invité de conſerver le général Krieg à ſes fonctions de commandant à Metz, & qu'en attendant, les repréſentans du peuple, actuellement en cette ville, feront inftamment priés de l'y maintenir pro-vifoirement.

Délibéré en féance.

Signé, Lajeuneffe, *fecrétaire.*

Pour copie conforme aux originaux.

Le général de divifion, J.-E. Krieg.

____

Immédiatement après le précis hiftorique de J.-E. Krieg, on a lu les témoignages des fociétés populaires rendus à ce général. Je ne devrois rien ajouter, mais l'ambition de dé-fendre un républicain ne peut me retenir. J'ai mis la main fur mon cœur, j'ai fenti le befoin de le foulager dans le fein des vrais patriotes. Je me fuis dit: prends la défenfe d'un brave homme; tu le dois, il eft infortuné.

Ariftocrates, lâches agens de Cobourg & de Pitt, efforcez-vous de noircir le foleil en l'infectant de votre haleine; alors vous pour-rez fouiller notre liberté, alors vous parvien-drez à faire commettre des injuftices, & par le fénat & par les autorités qu'il a conftituées au nom du peuple entier.

Plein de confiance dans les vertus de nos montagnards, j'augure que la liberté de Krieg n'eſt pas éloignée; ſon époufe en publiant l'hiſtorique de la vie de ſon mari, facilite les recherches que la convention a ordonnées dans ſa ſageffe. Moi, en participant à la défenfe du Bélifaire français, je m'acquitte du plus précieux des devoirs d'un républicain; quand je ne ferois avancer que d'une feule minute l'heure de la liberté d'un bon Français, cette minute-là me feroit plus chère que cent années de vie.

Braves frères d'armes de Krieg, vous ne proférez unanimement que quatre mots : *c'eſt un bon patriote !* Sociétés populaires ! votre fentiment eſt celui des foldats . . . . . uniffez-vous, & que la juſtice nationale, convaincue de l'innocence de Krieg, rende à la patrie un bon général, un tendre époux à ſa femme, un frère à un frère, un enfant précieux à une mère infirme, aux foldats un camarade, à tous un homme ! . . . . un vrai citoyen !

Signé, HENRIQUEZ, *citoyen de la fection du Panthéon Français.*

De l'Imprimerie de QUILLAU, rue du Fouare, N. 10.

www.ingramcontent.com/pod-product-compliance
Ingram Content Group UK Ltd.
Pitfield, Milton Keynes, MK11 3LW, UK
UKHW022358120726
13694UKWH00005B/1955